# PROGRAMME
## DE BAZILE ET QUITTERIE,
OU
## LE TRIOMPHE DE DON QUICHOTTE,
PANTOMIME HÉROÏ-COMIQUE, EN TROIS ACTES,

*Jouée pour l'ouverture du Théâtre de la Gaîté, le 28 Fructidor an 9.*

Par le citoyen SUBY, auteur de la pantomime de la mort du Général Marceau;

Mise en scène du cit. GOUGIBUS aîné, ballet du cit. E. HUS;

Musique composée et arrangée par le citoyen LEBLANC, et adaptée à l'action par les citoyens E. HUS et l'Auteur.

D. A. M. P.

PRIX : DOUZE SOUS.

A PARIS.

Chez l'AUTEUR, rue Neuve des Mathurins, n°. 670.

AN X.

| PERSONNAGES. | MM. |
|---|---|
| BASILE, jeune paysan, aimé de Quitterie. | DOMINIQUE. |
| QUITTERIE, jeune paysanne, aimé de Basile. | Mlle. MONCASSIN. |
| LE PERE de Quitterie, riche fermier. | BOULENGER père. |
| GAMACHE, riche seigneur, époux futur de Quitterie. | BOULENGER fils. |
| DON QUICHOTTE, chevalier errant. | LAFITTE. |
| SANCHO-PANÇA, écuyer de Don Quichotte. | GOUGIBUS aîné. |
| Une jeune paysanne. | Mlle. SAVIGNY. |
| Un Paysan déguisé en chasseur. | CAZAULT. |
| Un Alcade. | AUBRY. |
| Un Valet. | CREBILLET. |
| Suite de Gamache, quatre gardes-chasse. | |
| Suite de l'Alcade, six sbires et un chef. | |
| Paysans et Paysannes. | |
| Cuisiniers. | |
| *Pendant les songes.* | |
| TINACRIO, roi de Micomicon. | AUBRY. |
| PANDAFILANDO, prince Sarrasin. | REBOUL. |
| TINACRIA, infante de Micomicon. | Mlle. PERCHERON. |
| Un chevalier. | CAZAULT. |
| La femme de Sancho-Pança. | CREBILLET. |
| Un fils de Sancho. | RONDEL jeune. |
| Un nain. | LEGER jeune. |
| Un hérault d'armes. | SOISSONS. |
| Suite du roi. | |
| Suite de Pandafilando. | |
| Dulcinée du Toboso. | Mlle. FLORINE. |
| Morphée, dieu des songes. | DEBRAY. |
| *Danse.* | |
| PHOBÉTOR, conducteur des songes sinistres. | LEGER aîné. |
| PHANTASE, conducteur des songes agréables. | Mlle. MÉLANIE. |
| Songes sinistres et agréables. | |
| Un seigneur espagnol. | LABASSÉ. |
| Une dame espagnole. | Mlle. ALIX SOLET. |
| Une jeune espagnole. | Mlle. BRÉARD jne. |
| Un cheval, un âne, un chien dressé. | |

# BAZILE ET QUITTERIE,

OU

# LE TRIOMPHE DE DON QUICHOTTE,

PANTOMIME HÉROÏ-COMIQUE, EN TROIS ACTES (1).

## PREMIER ACTE.

*Le théâtre représente, sur la droite, la maison du riche Gamache; elle est située au pied d'une montagne couverte de quelques arbres : sur la gauche on apperçoit l'entrée de la maison de Quitterie, et, dans le fond, une partie de paysage.*

### SCÈNE PREMIÈRE.

BAZILE attend à un rendez-vous la belle Quitterie, son amante, à laquelle il destine une rose.

### I I.

QUITTERIE vient joindre l'impatient Bazile ; tous deux se témoignent la plus vive tendresse : elle accepte avec reconnoissance la rose que lui présente son amant.

(1) Cette Pantomime peut aussi être jouée sous les titres de Quiterie la Belle, ou les Malheurs de Sancho-Pança, ou de Don Quichotte aux nôces de Gamache.

## I I I.

A travers une croisée, Gamache, futur époux de Quitterie, apperçoit le couple amoureux ; il le désigne à une jeune paysanne qui se trouve avec lui : il ferme la croisée, et le bruit qu'il fait en ouvrant sa porte, fait séparer Bazile et Quitterie.

## I V.

Gamache sort accompagné de la jeune paysanne, à laquelle il indique de nouveau Bazile et Quitterie, en l'engageant, au moyen d'une bourse qu'il lui donne, à exciter entr'eux la jalousie; promettant de le satisfaire, la paysanne accepte la bourse : Gamache, très-content de son stratagême, la fait cacher dans les environs de sa maison.

## V.

Suivi d'un valet qui porte un panier à son bras, le père de Quitterie sort ; il apperçoit Gamache et va à sa rencontre : l'un et l'autre se font l'accueil le plus amical.

Par un signe, le père de Quitterie ordonne à son valet d'aller chercher sa fille, ensuite il montre à Gamache le contrat qui doit cimenter son mariage avec Quitterie.

## V I.

Précédée du valet, Quitterie vient auprès de son père, où elle reçoit les complimens de Gamache, qui s'applaudit du choix qu'il a fait d'elle pour son épouse ; Quitterie l'écoute avec indifférence et dédain :

le père s'appercevant du peu d'empressement qu'apporte sa fille à suivre ses volontés, montre de nouveau le contrat à Gamache, et fait entendre qu'il usera de son autorité pour la contraindre à l'épouser : cette assurance tranquillise Gamache qui compte aussi sur le succès de son stratagême.

## V I I.

Un valet vient prévenir Gamache qu'il est attendu chez lui ; le père de Quitterie le reconduit jusqu'à sa porte, et laisse un moment Quitterie derrière lui.

Bazile qui a tout examiné, saisit ce moment pour baiser la main de Quitterie et lui demander une entrevue ; celle-ci l'assure que bientôt elle reviendra.

Bazile se cache ; le père se retourne et fait rentrer sa fille à la maison.

## V I I I.

La jeune paysanne à qui Gamache a donné la bourse, guète Bazile et attend qu'il soit rejoint par Quitterie : elle se cache de nouveau.

## I X.

Quitterie sort bientôt, en regardant de tous côtés, pour chercher son amant ; Bazile l'appercevant s'élance vers elle les bras ouverts ; déjà ils sont l'un près de l'autre, lorsque la jeune paysanne vient brusquement les séparer en éclatant en reproches contre Bazile, sur son inconstance dont elle est la victime ; des pleurs coulent de ses yeux : cette scène étonne Bazile et le consterne. Dupe de cette fourberie, Quitterie s'abandonne aux mouvemens d'une fureur jalouse. Elle déchire et foule aux pieds le bouquet qui faisoit, un moment auparavant, tout son bonheur : elle sort précipitamment, sans vouloir entendre la justification de Bazile.

## X.

CONTENTE du succès de son stratagême, la paysanne ramasse le bouquet et disparoît avec la rapidité de l'éclair, laissant le malheureux Bazile plongé dans la douleur.

## X I.

UNE marche villageoise se fait entendre ; Bazile s'en va.

Une troupe de paysans et de paysannes viennent pour complimenter Gamache et Quitterie sur leur prochain mariage et leur offrir des fleurs.

Ils se rendent chez Gamache et le ramènent. Les jeunes filles vont trouver Quitterie, et la ramènent également accompagnée de son père : tous trois se placent sur un banc.

La jeunesse exprime, par une danse vive, la joie que lui occasionne le mariage qui se prépare.

## X I I.

CES plaisirs sont bientôt interrompus par l'arrivée de Don Quichotte, monté sur Rossinante, et de son écuyer Sancho, monté sur la croupe de son âne ; ils sont apperçus sur la montagne : les jeunes gens courent en foule audevant d'eux, et les ramènent au son des instrumens.

Dès qu'ils sont arrivés, Don Quichotte et son

écuyer mettent pied à terre ; Sancho emmene Rossinante et son âne, tandis que son maître salue gravement Gamache , Quitterie et son père ; ceux-ci lui font l'accueil le plus civil, en l'engageant à s'asseoir et à honorer la fête par sa présence. Don Quichotte accepte l'invitation et s'assied.

## XIII.

SANCHO revient, les divertissemens recommencent.

Deux jeunes filles engagent Sancho à danser : il y consent avec plaisir ; mais en voulant imiter leurs pas , le pauvre Sancho se laisse tomber. Quitterie court avec bonté pour l'aider à se relever ; Sancho fait comprendre qu'il est blessé dans les hanches , mais qu'à table cela se réparera.

Le père de Quitterie congédie la jeunesse.

Don Quichotte s'appercevant que les jeux cessent, présente la main à Quitterie ; Gamache en fait autant , et suivis du père de Quitterie , tous rentrent à la maison. Le seul Sancho reste encore un moment sur la scène.

## XIV.

SUIVANT Quitterie d'un regard où se peint tout son amour , Bazile paraît et court supplier , à genoux , le père de son amante d'être favorable à ses feux. Il reçoit un refus qui l'accable !... Alors les paysans s'empressent autour de lui , et montrent qu'ils sont vivement affectés de sa situation.

Sancho fait comprendre que Bazile n'est pas autant que Gamache favorisé de la fortune.

# ACTE II.

*Le théâtre représente un jardin, à gauche on voit un hangard tenant à la maison de Quitterie, derrière, et au-dessus de ce hangard, on apperçoit une croisée.*

*Cette décoration doit être disposée à offrir une double scène, qui sera perfectionnée par les groupes que formeront les songes.*

## SCÈNE PREMIÈRE.

SANCHO seul paraît très-content; cependant il a faim et porte des regards avides sous le hangard où les tables sont dressées.

## II.

DES cuisiniers viennent mettre le couvert; Sancho les supplie de lui donner quelques morceaux; un d'eux lui en apporte. Sancho le remerciant va se tapir près d'un banc pour manger plus à son aise. (*Les cuisiniers sortent.*)

## III.

GAMACHE tenant par la main la jeune paysanne qui est parvenue à brouiller Bazile et Quitterie, apprend avec plaisir la réussite de son stratagême; et dès qu'elle lui a montré le bouquet de rose, il lui donne une autre bourse. Sancho, qu'ils n'ont pas apperçu, les écoute et fait comprendre par ses gestes qu'il a découvert la fourberie.

(*Gamache et la jeune paysanne sortent.*)

## I V.

LES cuisiniers viennent servir le repas.

Disposé à raconter ce qu'il vient de voir, Sancho va vers son maître qui, donnant la main à Quitterie, s'avance pour prendre place à table ; mais celui-ci lui ordonne gravement de se retirer ; Sancho obéit.

Le père de Quitterie, Gamache et d'autres conviés viennent aussi se placer. Le repas commence.

## V.

Egalement la jeunesse arrive pour donner différens divertissemens aux convives : après la danse on joue à la main chaude ; bientôt Sancho est prit, dès qu'il est caché on lui donne sur la main, qu'il tend, un coup de battoir de lessiveuse ; il renonce à ce jeu pour jouer à celui du *Rat*, qui lui est proposé, il ne l'accepte qu'autant que la batte lui est remise. Le piquet après lequel sont attachés les cordeaux est aussitôt fiché en terre ; on lui bande les yeux ainsi que ceux d'un paysan vigoureux ; le jeu commence et tandis que ce dernier gratte, Sancho cherche à le frapper, mais en évitant les coups le paysan parvient à regagner la batte ; à son tour il fait en sorte de frapper son adversaire, cependant impatienté de son peu de succès, il rabat son bandeau en forme de cravatte, et chaque fois que Sancho gratte c'est une grêle de coups qui lui tombent sur les épaules et ailleurs ; à la fin il découvre qu'il est la dupe du paysan, néanmoins on se moque de lui.

### V I.

LA nuit succède au jour ; on quitte la table; chacun se retire, hormis Don Quichotte qui, absolument veut coucher dans le jardin : obligé de rester avec lui, Sancho sort pour aller chercher les armes de son maître. Dans cet intervalle, on apperçoit Quitterie à sa croisée qui se plaint de l'absence de son amant : Don Quichotte, à l'égard de son incomparable Dulcinée, forme les mêmes plaintes.

### V I I.

MUNI des armes, Sancho revient, et les donne à son maître qui se couche sur un banc de gazon, Sancho va sous le hangard se coucher sur la table qu'il a grand soin de garnir de paille.

### V I I I.

BAZILE vient roder autour de la maison de Quitterie, mais la présence de Don Quichotte le fait fuir.

### I X.

LES premiers chassis d'avant scène et le ciel se couvrent de nuages : immédiatement après, Morphée, Dieu des songes, descend du ciel sur une masse de nuages, son siège est supporté et entouré de hiboux, il met pied à terre et va considérer les dormeurs sur lesquel il répand ses pavots ; il appelle ensuite les songes ses frères.

## X.

PRÉCÉDÉ d'un tourbillon de flammes, tenant d'une main une torche enflammée, et de l'autre un poignard. Phobétor sort de terre, suivi des songes sinistres : une marotte à la main, Phantase paraît à la tête des songes agréables. Tous ces songes se prosternent devant Morphée et attendent ses ordres; il leur désigne Don Quichotte et Sancho; les songes s'en opprochent et se forment en groupes : Phantase et Phobétor s'en détachent pour s'approcher davantage des dormeurs, le premier en secouant sa marotte et l'autre en agitant son poignard.

Morphée rappelle les songes à lui et leur fait connaître ses dernières intentions. Ils forment alors de nouveaux groupes et se disposent à tourmenter les dormeurs.

*Les songes sinistres et agréables doivent, à chacune des scènes qui vont suivre, diviser le théâtre par des lignes diagonales et prendre des attitudes analogues aux situations tristes ou gaies qui tour-à-tour se présenteront en songes aux imaginations de Don Quichotte et de Sancho*: ce sont ces lignes diagonales qui perfectionnent les doubles scènes.

La toile du fond se lève; on apperçoit des rochers escarpés : dans le fond, à droite, au milieu de ces rochers on voit une caverne fermée par une grande grille; l'Infante *Tinacria* y est enfermée et enchaînée; au-dessus, dans le lointain, on voit un château fort, le chemin qui conduit au château et à la caverne est défendu par une rivière et une tour servant de porte d'entrée, et sur le haut de laquelle est placé un Nain qui tient une trompe.

## SONGE DE DON QUICHOTTE.

### SCÈNE PREMIÈRE,

*Provoquée par tous les songes.*

DON QUICHOTTE s'agite, s'imaginant voir le prince Sarrasin ôter les fers de la princesse et lui offrir son cœur et sa main; l'Infante, avec mépris, refuse ses offres. Le Sarrasin irrité veut employer la force pour la contraindre à satisfaire sa passion; ces débats sont terminés par le Nain qui répond à un son de cor qu'un chevalier lui fait adresser par un hérault d'armes, qui tient une bannière sur laquelle on lit ces mots: Délivrer l'*Infante Tinacria ou périr.*

## SONGE DE SANCHO.

### SCÈNE II,

*Provoquée par les songes sinistres, les songes agréables cachent D. Quichotte.*

SANCHO voit sa femme, grande, maigre, qui lui présente son fils en lui reprochant la vie qu'il mène et l'engage à revenir chez lui. Sourd à ses sollicitations Sancho exprime qu'il aime mieux boire; sa femme en le menaçant, et l'enfant en pleurant, se retirent.

## SCÈNE III,

*Provoquée par les songes sinistres, les songes agréables cachent Sancho.*

Précédé d'un hérau't d'armes Tinacrio le sage, père de l'Infante, s'avance suivi par ses troupes; le chevalier qui a fait faire le défi au prince Sarrasin, l'accompagne.

De son côté, Pandafilando, de la vue sombre, paraît dans les rochers avec ses troupes; ils sortent tous par la tour.

Les deux partis s'arrêtent.

Le chevalier jette le gand au Sarrasin, celui-ci reçoit le gage du combat, ces fiers ennemis entrent aussitôt en lice; le chevalier désarmé et vaincu, est conduit par ordre du Sarrasin, prisonnier dans le château : le vieux Tinacrio, au désespoir, défi à son tour le Sarrasin. Agité de plus en plus, Don Quichotte se leve, et conduit par Phobétor et Phantase il va se placer, toujours en dormant, entre le roi et le Sarrasin auquel il fait toute la charge d'un défi ; ils se combattent, le Sarrasin succombe sous les coups du héros qui, fier de ce succès, s'introduit comme un furieux dans la tour, renversant tout ce qui s'oppose à son passage.

## SCENE IV,

*Provoquée par les songes agréables.*

SUR la fin du combat de Don Quichotte, deux cuisiniers viennent servir devant Sancho un énorme pâté, il exprime le plaisir que cette vue lui occasionne.

## SCENE VI,

*Provoquée par les songes sinistres et agréables.*

UNE mêlée s'engage, les Sarrasins sont repoussés, le roi seul, à genoux, implore la protection du ciel pour le succès de ses armes. On apperçoit Don Quichotte dans les rochers combattant et renversant ce qui reste de Sarrasins. Le chevalier, délivré par lui, seconde les efforts du héros qui parvient à la caverne, délivre l'Infante et la ramene près de son père avec le chevalier. Pour prix de sa vaillance le roi offre à Don Quichotte la main de l'Infante ainsi que sa couronne qu'à l'instant il ôte de dessus sa tête en la lui fesant présenter sur un bouclier par son hérault d'armes ; ces offres sont modestement refusés par Don Quichotte qui indique que c'est à son incomparable Dulcinée qu'il est redevable de ses succès.

En ce moment un nuage descend et laisse voir, en s'entre-ouvrant, Dulcinée du Toboso richement vêtue ; à ses côtés sont placés deux songes agréables, l'un desquels présente des lauriers et des couronnes à Don Quichotte : deux amours tiennent une draperie sur laquelle est écrit en lettres de feu : *Dulcinée du Toboso.*

## SCENE VI.

*Provoquée par les songes sinistres.*

PENDANT que les songes agréables, placés près de Dulcinée, offrent des lauriers et des couronnes à Don Quichotte, deux cuisiniers viennent se prosterner devant la table et montrent à Sancho une énorme paire de cornes qui sortent du pâté; ce dernier mêt ne le réjouit pas infiniment.

Tableau général sur lequel la toile du fond se baisse.

Morphée remonte au ciel, les songes reconduisent Don Quichotte sur son banc et disparaissent.

*Fin des songes.*

---

*Suite de la scène 10e., avant les songes.*

Don Quichotte, dont les paupières sont agitées d'un mouvement convulsif, se trouvant dans une agitation extrême, cherche à retrouver les prestiges qui viennent de caresser son imagination. (*Il sort.*)

## I I.

SUIVI d'un paysan qui porte une échelle, Bazile s'avance mystérieusement, tenant une petite lanterne qu'il remet au paysan, ensuite il prend l'échelle et la dresse contre le hangard pour atteindre plus facilement à la croisée de Quitterie, il y monte et parvenu sur le toit, il appelle son amante qui ouvre la fenêtre pour lui répondre.

Sancho qui a été réveillé à la fin de son songe, se débarasse de sa paille et vient doucement passer sa tête et un bras entre deux échelons et s'y appuyer pour mieux entendre ce qui se passe.

## XII.

Le paysan qui fait le guet rentre, et s'imaginant que Sancho veut emporter son échelle, il le pousse vivement pour la lui reprendre, mais la tête et le bras de Sancho restent pris entre les deux échelons; le paysan, en prenant un bout de l'échelle, l'entraîne. Quitterie ferme sa fenêtre.

## XIII.

Au bruit qu'ils font, Don Quichotte reparaît, le paysan épouvanté s'enfuit, laissant Basile sur le toît et Sancho pris dans l'échelle. Le pere de Quitterie accourt avec d'autres personnes, un moment après sa fille; ils apperçoivent Sancho couché et embarrassé, ils se moquent de lui. Quitterie et son pere engagent Don Quichotte à rentrer, celui-ci accepte en les suppliant de ne point s'occuper de son valet. Tous rentrent, excepté Sancho et Bazile qui restent en tableau.

# ACTE III.

*Le théâtre représente le magnifique jardin de Gamache, disposé pour y donner une fête : à gauche, dans une partie de la maison de Gamache, on voit une porte et une croisée, la croisee fait face au public.*

## SCÈNE PREMIERE.

BAZILE, une épée à la main, s'est introduit dans le jardin de Gamache; il déplore sa mauvaise fortune.

Posant son épée près d'un arbre, il tire de sa poche un étui de fer blanc, aux bouts sont attachées des courroies; après s'être assuré qu'il n'est vu de personne, il arrange cet étui sous son habit et porte encore ses regards de tous côtés, pour voir si Sancho qu'il attend ne parait point.

## II.

SANCHO arrive, il porte une valise; il la pose à terre, l'ouvre, en tire quelques haillons, parmi lesquels se trouve un surplis d'église. Il présente le tout à Bazile, mais ces vêtemens ne lui conviennent pas; il tire ensuite une robe de pénitent qu'il vend à Bazile pour le prix d'un écu : celui-ci demande le secret, Sancho le lui promet.

On entend une marche grave, qui force Sancho et Bazile à se séparer.

## III.

PRÉCÉDÉ de gardes-chasse, d'une foule de valets et de villageois, Gamache arrive, pour prêter le serment conjugal et recevoir celui de Quitterie. Un alcade l'accompagne, suivi de ses sbires. Suit une nombreuse jeunesse, armée d'épées. Tous les acteurs de cette scène, l'alcade et ses sbires exceptés, ont des bouquets et portent des livrées.

Une troupe de jeunes filles accompagne Quitterie conduite par son père et Don Quichotte qui lui donne la main ; ils sont précédés par Sancho portant les armes de son maître.

Chacun prend la place qui lui est assignée.

Gamache s'approche de l'officier de justice, pour prêter le serment conjugal : Quitterie s'approche aussi, mais d'un pas lent et le front couvert des nuages de la tristesse.

## I V.

DANS ce moment, Bazile, déguisé en pénitent, fend la presse, se perce de son épée, et vient tomber aux pieds de Quitterie. Sancho s'avance, lève le couvre-chef de la robe dont Bazile est couvert ; Quitterie qui reconnait son amant, tombe évanouie dans les bras de son père et des jeunes filles qui l'environnent. Bientôt elle reprend connaissance, et son premier mouvement est de s'élancer vers Bazile : là, le genoux en terre, elle presse contre son cœur la main de cet infortuné qu'elle a saisie avec transport, elle supplie son père de l'unir à son amant, avant qu'il n'expire.

Tous les spectateurs, excepté Gamache, joignent leurs prieres à celles de Quitterie, et Don Quichotte ému jusqu'aux larmes, presse, plus vivement que pas un, le père de Quitterie de se rendre.

Cependant Bazile refuse les secours qu'on veut lui prêter.

Le père attendri consent à l'union si desirée ; Gamache lui-même, persuadé que son rival ne survivra pas de beaucoup à sa blessure, donne son assentiment.

Tout-à-coup Bazile, assuré du consentement du père de Quitterie, se relève et fait voir qu'il n'est aucunement blessé.

Furieux de se voir ainsi dupé, Gamache tire son épée et attaque Bazile qui lui oppose la sienne ; le père de Quitterie, Quitterie elle-même, veulent séparer les deux adversaires, Don Quichotte s'y oppose.

L'Alcade veut user de son autorité pour faire cesser le combat, mais Don Quichotte, l'épée à la main, embrassant son écu, fait face à l'Alcade et à ses sbires qu'il contient.

Gamache et Bazile continuent de se battre, et bientôt le premier est honteusement désarmé.

Confus, hors de lui-même, Gamache relève son épée, se met à la tête de ses gens et des sbires, et ordonne qu'on se saisisse de Bazile. Ses ordres sont exécutés. Don Quichotte, furieux de voir traiter Bazile avec cette violence, se met à la tête des jeunes gens et attaque vigoureusement l'escorte.

La mêlée est générale ; elle sort précipitamment du jardin, et les femmes suivant le mouvement des combattans, entraînent Quitterie jusqu'à la maison de son père.

Sancho seul par derrière, frappe la terre de son épée, s'agitte comme s'il avait mille ennemis à combattre ; mais bientôt jugeant que la cuisine à plus d'appas que les armes, il s'approche de la maison de Gamache et y entre, après avoir posé son épée à la porte.

## V.

Un plaisant qui croit trouver tout le monde dans la joie, s'est déguisé en chasseur pour exercer sa gaîté ; il paraît un instant, poursuivant une jeune paysanne qui, assez légère pour éviter sa poursuite, le raille. Tous deux s'en vont.

## V I.

On voit sortir par une fenêtre Sancho tenant en main une bouteille de vin qu'il vuide d'un trait. Il porte aussi un gigot de mouton qu'il va, d'un air mystérieux, cacher derrière un banc : il rentre ensuite dans la maison par la croisée d'où il est sorti, pour chercher d'autres objets, propres à satisfaire sa gloutonnerie. Dans cet intervalle, un chien vient lui enlever son gigot.

## V I I.

Sancho reparait avec un dindon qu'il rapporte sur un écumoire, mais un bourru de cuisinier vient le lui reprendre. Sancho veut lui faire entendre qu'il a trouvé ce dindon dans l'écume du pot ; sur cette observation, le cuisinier le repousse brutalement et retourne à sa cuisine.

Il n'a pas plutôt le dos tourné, que Sancho se moque de lui, en montrant la place où il a caché le gigot ; mais quand il va pour le reprendre, il trouve place nette....

Il est désespéré des deux accidens qu'il vient d'essuyer; cependant, tirant de sa poche l'écu qu'il a reçu de Bazile, il l'examine attentivement et fait comprendre, par un geste, qui montre qu'il reprend courage, que cette pièce lui garantit un bon repas.

## VIII.

Le facétieux chasseur reparaît, et appercevant Sancho, il le frappe par derrière, sur l'épaule, du bout de son fusil. Sancho se hâte de remettre son écu dans sa poche, puis tournant la tête, il regarde qui le frappe. Le chasseur à l'instant souffle, par le canon de son fusil, une poudre noire qui couvre la moitié de la figure de Sancho.

Le chasseur qui d'un saut s'est déjà bien éloigné de sa dupe, marche regardant en l'air, comme s'il n'était occupé que de sa chasse : Sancho ne se doute pas que ce soit cet homme qui l'ait frappé sur l'épaule; et il ignore qu'il est masqué.

Sancho retombe dans sa rêverie. Le chasseur le voyant tranquille, revient à la charge, et lui frappant sur l'autre épaule, le contraint à tourner la tête du côté où il est frappé. Sancho reçoit alors une décharge de blanc sur la joue qu'il présente.

Ainsi Sancho se trouve avoir la figure noire d'un côté, blanche de l'autre.

Il se doute du tour qu'on lui a joué; mais dissimulant, il court vers le chasseur et lui demande si ce n'est pas lui qui l'a frappé sur l'épaule; le chasseur, tirant un oiseau de son carnier, repond qu'il ne sait ce qu'on veut lui dire, qu'il ne s'occupe que de sa chasse.

Sancho montre malicieusement son écu au chasseur, et veut parier qu'il ne l'atteindra pas avec son fusil à une distance convenue. Cette proposition embarrasse le chasseur.

## IX.

Quelques paysans paraissent : l'un d'eux, qui est un garde chasse, porte un fusil, le chasseur accepte le pari de Sancho et lui frappe dans la main; Sancho frappe à son tour dans la main du chasseur qui tirant de sa poche un écu, le remet à Sancho. Celui-ci croyant le pari déjà gagné, veut empocher les deux écus, mais le chasseur lui observe qu'il faut les déposer en main tierce; Sancho y consent, et le plus ancien de la troupe des paysans, qui viennent de s'avancer sur la scène, est établi dépositaire.

Tandis que Sancho compte les pas pour se placer à la distance convenue, le rusé chasseur change de fusil avec le garde chasse qui lui assure que son arme n'est chargée que de plomb pour oiseaux.

Arrivé au but, Sancho se place et frappe trois fois dans ses mains pour donner le signal, au troisième coup le chasseur lui décharge son coup dans les fesses; Sancho frappé et plein d'effroi, tombe, il se croit mort!... Bientôt après il se relève pleurant, se tenant le derrière à deux mains et faisant d'horribles contorsions, il se rapproche tout éclopé du groupe des paysans qui, pour le railler le remercient de son écu qui va servir à boire à sa santé; Sancho veut les suivre, mais ils le chassent en le faisant pirouetter de mains en mains.

## X.

Les paysans et le chasseur s'en vont, laissant Sancho dans le désespoir.

Un chant de victoire se fait entendre.

Sancho, un peu calmé, se met aussitôt le bras gauche en écharpe et reprend son épée.

Au chant de victoire succède une marche triomphale.

## X I.

C'EST Don Quichotte victorieux, qui, porté sur un pavois, ramene Basile et toute la nôce.

Sancho court se placer à la tête du cortège, affectant les airs d'un guerrier vainqueur, et prenant le ton du directeur du cortège; mais les douleurs qu'il ressent au derrière l'empêche de marcher en mesure comme les autres; il quitte bientôt le poste qu'il venoit de prendre pour attendre Don Quichotte sur son passage. Le voyant approcher, il se jette à deux genoux en terre, baisse, en saluant son seigneur, la pointe de son épée et fait comprendre qu'il est couvert d'honorables blessures.

Don Quichotte qui croit trouver un héros dans son écuyer, le salue noblement et lui posant successivement le fer de sa lance sur les deux épaules, lui témoigne qu'il est satisfait ds sa valeur.

Sancho se relève, fier du succès de sa feinte, et trouve dans son orgueil satisfait un dédommagement à sa piteuse aventure.

Le cortège s'arrête. Quitterie fend la presse, et les yeux baignés de pleurs, les cheveux épars, elle court se jeter dans les bras de Bazile.

Se tournant ensuite vers son pere, elle le supplie de l'unir à son amant; Don Quichotte s'unit à elle et le pere se rend à leurs vœux.

Don Quichotte prend aussitôt les mains de Bazile et de son amante, et les unit en présence du pere de Quitterie et de l'Alcade.

Le pere bénit cette union en imposant sa main droite sur la tête des époux qui se mettent à genoux.

Sancho qui veut être de quelque importance, étend aussi de loin sa main en signe de protection, et Don Quichotte jurant sur son épée ume éternelle amitié à Basile et à Quitterie, les couvre de son écu. Après cette grave cérémonie chacun se place pour prendre part aux divertissemens.

---

(1) Les Directeurs des départemens qui voudront mettre cette pièce à leur théâtre, s'adresseront à l'auteur, le citoyen Saby, rue Neuve des Mathurins, n°. 670, qui leur donnera tous les renseignemens convenables; ils sont priés d'affranchir leurs lettres.

---

80

www.ingramcontent.com/pod-product-compliance
Ingram Content Group UK Ltd.
Pitfield, Milton Keynes, MK11 3LW, UK
UKHW020536180726
13839UKWH00006B/2538